私たちがつくっています。

企業内
職人図鑑

⑮ 伝統食品の二

こどもくらぶ／編

同友館

はじめに

◎ 日本人とものづくり

日本人は、古くから手仕事をうやまい、職人の技術をみがきあげることで独自の文化をきずいてきました。明治維新以降も、西洋からの新しい技術を取りいれることで、世界有数の「ものづくりの国」となりました。

◎ 次世代へ受けつぐ、たいせつな財産

資源にとぼしい日本で、明治以降の近代化を可能にし、昭和の敗戦のあとに復興をとげて高度経済成長時代をむかえることができたのも、"ものづくりの遺伝子"の力によるものです。このことは日本人がほこれる、たいせつな長所です。いくつもの世代をこえて伝えられてきた職人魂を次の世代へとつなげていくことは、いまを生きる私たちの役割です。

◎ 職人たちの仕事を知る

このシリーズでは、現代にあっても、ものづくりの心を失わず、日々、より良いものをつくろうとしている会社と、そこで働く人たちの仕事ぶりを伝えています。日ごろ何気なくつかっている品物が、どうやって生みだされているかを知ることもできます。一人ひとりの仕事が社会とどう結びついているかに気づくことは、読者のみなさんが将来の職業を考える上でもきっと参考になることでしょう。

・・・・

なお、このシリーズは、次のような15巻構成になっています。

1巻 スポーツ用品　2巻 楽器　3巻 食の周辺で

4巻 伝統工芸品　5巻 衣類・かばん　6巻 伝統食品

7巻 伝統工芸品の二　8巻 建築・木工　9巻 機械・金属加工

10巻 伝統工芸品の三　11巻 料理・菓子　12巻 印刷・製本

13巻 伝統工芸品の四　14巻 模型・ミニチュア　15巻 伝統食品の二

もくじ

はじめに‥‥‥‥‥‥‥‥‥‥‥‥‥‥‥‥‥‥‥‥‥‥‥‥‥ 2

この本の使い方‥‥‥‥‥‥‥‥‥‥‥‥‥‥‥‥‥‥‥‥ 4

私たちがつくっています・伝統食品の二 ❶

かつお節やだしをとおして日本の食文化を支えて発展させる

にんべん‥‥‥‥‥‥‥‥‥‥‥‥‥‥‥‥‥‥‥‥‥‥‥ 5

職人ファイル　鈴木 慎二さん（山七 工場長）‥‥‥‥ 12

私たちがつくっています・伝統食品の二 ❷

創業時から受けつぐ伝統的製法でこだわりのみりんをつくる

角谷文治郎商店‥‥‥‥‥‥‥‥‥‥‥‥‥‥‥‥‥‥‥ 13

職人ファイル　角谷 利夫さん（角谷文治郎商店 代表取締役（3代目））‥‥ 20

私たちがつくっています・伝統食品の二 ❸

安心・安全な良い素材を用いて最高の味と香りのごま油をつくる

山田製油‥‥‥‥‥‥‥‥‥‥‥‥‥‥‥‥‥‥‥‥‥‥‥ 21

職人ファイル　山田 康一さん（山田製油 代表取締役（3代目））‥‥‥‥ 28

私たちがつくっています・伝統食品の二 ❹

江戸時代からの伝統を大切に守り質の高いかまぼこを天然素材でつくる

鈴廣かまぼこ‥‥‥‥‥‥‥‥‥‥‥‥‥‥‥‥‥‥‥‥ 29

職人ファイル　神 兼智さん（鈴廣かまぼこ 製造チーム製造部 部長 一級技能士）‥ 36

もっと見てみよう、かつお節だしのとり方とかまぼこの博物館‥‥ 37

かつお節だしのとり方／鈴廣のかまぼこ博物館

さくいん‥‥‥‥‥‥‥‥‥‥‥‥‥‥‥‥‥‥‥‥‥‥‥ 39

この本の使い方

この本では、身近なものや、
知られざる名品、
すぐれた品などをとりあげ、
それをつくっている人たちと、
その会社を紹介しています。

1ページ目

その会社がつくっている製品です。

紹介されている会社の所在地、創立年、従業員数です。

2・3ページ目

どんなものをつくっているの？
とりあげた会社がつくっているもののすごいところや、特徴などを具体的に紹介します。

ワンポイント
文中に出てくるキーワードや、知っておきたい重要な用語について解説しています。

4・5ページ目

どんな仕事場？
とりあげた製品が、どんなところで、どんなふうにつくられているのかを写真といっしょに紹介します。

6・7ページ目

もっと見てみよう
とりあげた会社が、どういうものづくりをしているのかなどを具体的に紹介します。

ものづくりの極意
会社の創業からこれまでの歴史をふりかえり、ものづくりへのこだわりを見ていきます。

8ページ目

職人ファイル
とりあげた会社の社員の方に登場していただき、入社の動機や仕事へのやりがいなどをインタビューしています。写真は、インタビューにこたえてくださった本人です。

●●さんの1日
ふだん、どんなふうに仕事をしているのか。ある1日を例にとって、時間を追って見ていきます。

私たちがつくっています・伝統食品の二 ①

かつお節やだしをとおして日本の食文化を支えて発展させる

かつお節は、削ってだし汁をとったり料理にかけたりして用いる、日本の伝統食品です。にんべんは、かつお節を商う問屋として300年以上前に創業しました。いまでは、かつお節とだしにより、伝統を守りながらも時代の変化に対応し、新たな挑戦をしています。

にんべん
● 所在地／東京都中央区
● 創　業／1699（元禄12）年*
● 従業員数／198人

──東京都中央区

＊会社の設立は、1918（大正7）年。

にんべんの代表的な商品。左から、つゆの素、フレッシュパックソフト、つゆの素ゴールド、白だしゴールド、薫る味だし（かつお、かつおと昆布）。

どんなものをつくっているの？

かつお節などの商いで300年以上つづく会社

江戸時代中期の創業から

にんべんの創業は、江戸時代中期の1699（元禄12）年です。伊勢国（現在の三重県）の四日市で生まれた髙津伊兵衛が、江戸の穀物問屋での年季奉公ののち、かつお節などの乾物の商いを日本橋ではじめました。そして、「現金かけ値なし*1」という商いの方針を貫き、江戸の町民から信頼を得て、繁盛していきました。

三代目の時代になると、大名家の御用達*2となり、商売の基礎がかたまります。八代目の時代には、江戸幕府が滅び、幕府や大名への貸付金や売掛金が回収できなくなり、経営は危機的な状況におちいりましたが、明治という新しい時代に適応することで乗りこえました。

1918（大正7）年には、「伊勢屋伊兵衛」という個人商店から「髙津商店」という株式会社となりますが、第二次世界大戦の空襲により、店舗は焼失してしまいます。しかし、1948（昭和23）年、社名を「株式会社にんべん」とし、新築した店舗で営業を再開します。

その後、戦後の混乱を乗りこえた日本は、高度経済成長*3の時代をむかえ、人びとの生活は豊かになります。にんべんは、百貨店への出店を開始し、食品売り場を中心とした販売展開をはじめました。また、1964（昭和39）年には「つゆの素」が誕生し、1969（昭和44）年には「かつおぶし削りフレッシュパック」が誕生しました。これらの商品は、いまでも広く販売されている大ヒット商品となり、にんべんの事業のなかでも多くの売上を占める、家庭用事業（⇨右ページ）を支えています。

時代の変化に応じた挑戦

大ヒット商品となった「つゆの素」と「フレッシュパック」の開発は、にんべんの挑戦でした。

つゆの素の開発では、すでに醤油メーカーなどから、めんつゆとして発売されていたものとのちがいを明らかにするため、新しいことに挑戦しました。ほかの会社のめんつゆの多くが、人工調味料で味を整えていたのに対し、にんべんは、天然だしを使い、めんつゆの開発をめざしたのです。ただし、「天然だしは足がはやい（くさりやすい）」ため、周囲からは絶対に不可能といわれていました。ところが、にんべんは、外部の協力を得ながらも研究を重ね、素材のあつかい方や殺菌の方法を工夫し、開発に成功しました。

創業者の髙津伊兵衛の肖像画。

初代の伊兵衛が自ら書いたとされる、「現金かけ値なし」の看板。

初代つゆの素。いまでは、数多く出まわる同じような商品のなかで、出荷量でも売上高でもトップをほこる。

フレッシュパックを発売したときのポスター。フレッシュパックの発売により、化学調味料を使った旨味だしの登場で減っていたかつお節の需要が回復したといわれている。

---

*1 かけ売り（代金あと払いで品物を売ること）をしないで、掛け値（品物に実際よりも高く値段をつけること）なしの値段で現金取引をおこなうこと。
*2 江戸時代に、幕府や藩への出入りを許され、特権をもっていた商人のこと。
*3 1960年代を中心におきた、諸外国にも例を見ないほど急速な経済成長のこと。

かつお節

　フレッシュパックの開発も、削りたてのかつお節の風味を長期間保持することができる商品の開発への挑戦でした。こちらは、「かつお節はお客さんの顔を見て削れ」ということばがあるように、削りたてが一番おいしいといわれ、社内でも反対がありました。しかし、酸素を通しづらいバリア性の「積層フィルム」を開発し、充填時（つめるとき）に袋の中に窒素を封入することで、削りたての鮮度と風味を保つことに成功したのです。

　これらの商品が開発されたのは、高度経済成長の時代で、日本人のくらしにさまざまな変化が生じた時代です。にんべんは、そうした時代の変化に応じ、新しいことに挑戦し、成功したのです。

ワンポイント
にんべんの社名の由来

　にんべんの創業者の髙津伊兵衛は、店の屋号（よび名）を「伊勢屋伊兵衛」とした。そして、暖簾印（商標＊）を、伊勢屋と伊兵衛からイ（にんべん）をとり、商売を堅実にするためのお金　（かね）と合わせて、　（かねにんべん）とした。江戸の町民たちは、伊勢屋のかわりに、だれいうとなく「にんべん」とよぶようになった。つまり、にんべんの社名は、江戸の町民によって命名されたのだ。

＊生産者や販売業者が、自分の製品や商品であることを示すために、製品や商品につける文字、記号、図形などの標識。

にんべんの8つの事業

　にんべんは、かつお節とだしを中心に、次の8つの事業を展開し、自社商品を販売しています。高度経済成長の時代に、スーパーマーケットが全国的に広がり、だしの素やフレッシュパックが大ヒットしたこともあり、事業の中心となるのは、家庭用事業です。しかし近年は、業務用事業や海外事業、直営小売事業や惣菜事業にも力を入れ、販売をのばしています。

家庭用事業
スーパーマーケットやコンビニエンスストアなどをとおして、つゆの素やフレッシュパックなどをはじめ、さまざまな家庭向け商品を販売している。

業務用事業
外食産業や学校給食などの業務用商品として、削り節、だしパック、ふりかけ、つゆ類などを販売している。

海外事業
かつお節やつゆの素を、アメリカをはじめ、東南アジア、オセアニア、EU諸国に輸出している。

通信販売事業
「にんべんネットショップ」などのインターネット販売により、自社商品などを販売している。

直営小売事業
直営の小売店で、豊富な商品知識をもち、儀礼や儀式にくわしい社員が、かつお節をはじめ、さまざまな自社商品を販売している。

飲食事業
直営の飲食店を展開し、だしの旨味をいかした料理の数かずを、一汁三菜のスタイルで提供している。

惣菜事業
かつお節だしの本来の旨味をいかしたチルド食品などを、百貨店や量販店（大手スーパーマーケットなど）などで販売している。

百貨店事業
全国の有名百貨店の食品売り場を中心に、自社商品を販売している。

どんな仕事場？
ていねいに時間をかけてつくる香り豊かなかつお節

伝統的な製法を支える職人の手作業

にんべんの商品の中心となるのは、「本枯鰹節」とよばれ、伝統的な製法でつくられるかつお節です。切り分けてから煮たカツオを、何回もいぶして乾燥させ、カビつけと日乾という工程をへて、4か月から6か月ほどかけてつくります。各工程には、職人の経験と勘による技術が見られます。

1 生切り
解凍し、頭と内臓を取り除いて水洗いしたカツオを三枚におろし、背側2本と腹側2本に切り分ける。

三枚にカツオをおろしているところ（左）と、それを背側と腹側に切り分けているところ（右）。

2 籠立
4本に切り分けたカツオを、煮籠にならべる。

形の悪いかつお節にならないためにも、ねじれたり曲がったりしないようにならべる。

3 煮熟
煮籠を10枚ほど重ねて煮釜に入れ、鮮度や大きさに応じて、100分から120分ほど煮る。

煮熟のために80度から85度の湯に入れられるカツオ。温度は、98度まで上げられる。

4 骨抜き
煮籠から取り出したカツオを風通しの良い所で冷やして肉を引きしめ、その後、水槽で骨抜きをおこない、皮の一部などを取り除く。

身を傷つけないように骨を抜く。

5 水抜き・焙乾
節（骨抜きを終えたカツオ）をせいろにならべ、薪を燃やして焙乾し（いぶし）、水分を抜く。

コナラやクヌギなどの広葉樹の薪を使った焙乾がおこなわれている乾燥機の内部。最初におこなう焙乾を、一番火という。

かつお節

6 修繕
骨抜きなどで損傷した部分を修繕し、節の割れや曲がりを防ぐ。

7 間歇焙乾
節をせいろにならべ、約1か月かけて焙乾を12回から15回ほどくり返し、水分を取って荒節にする。

間歇焙乾により、水分が19％から22％にまで減った節（荒節）。焙乾には、菌の繁殖や酸化を防ぎ、香りをつけるという効果もある。

一番火の翌日に、そくひを使っておこなわれる修繕。そくひは、煮熟肉と生肉を7：3の割合でよくすりつぶして混ぜ、裏ごしをかけたもの。

8 削り
カビがつきやすいようにするため、荒節の表面についた煙の成分や脂肪分を削り落とす。

削りの作業のようす（左）と、削り上げられた荒節（右）。赤褐色をしているので、裸節または赤むきとよばれる。

9 カビつけ
裸節に純粋培養した優良な鰹節カビを植菌し、温度と湿度が管理された室で、一番カビがつくまで、15日間ほど貯蔵する。

カビつけ作業のようす（上）と、裸節の表面についたカビ（下）。カビつけは、節の水分や皮下脂肪の減少、特有の香りづけのためなどにおこなう。

10 日乾
室から取り出した節を天日で乾燥させ、一番カビをはらい落としてから冷やし、ふたたび室に入れ、カビつけと日乾を4か月ほどかけて4回から6回くり返すと、本枯鰹節ができ上がる。

日乾をおこなっている節。

11 選別
職人による確かな目で選別がおこなわれ、基準を満たしたものだけが、本枯鰹節として出荷される。

日ざしのもとで選別をおこなう職人。表面のへこみや内部の割れなどを確認するとともに、水分や脂肪分などを見分けることで、選別をおこなう。

もっと見てみよう
かつお節やだしで日本の食文化を知らせたい

食育への取り組み

食育は、心身の基本となる食生活についてのさまざまな教育のことですが、その目的のひとつに、日本固有の食文化を次の世代に引きついでいくことがあります。

にんべんでは、かつお節をはじめとする「だし」は、料理（和食）の味を決める「味のインフラ（土台）」だと考えています。だしは、ほとんどカロリーがないにもかかわらず、料理をおいしくし、わたしたちに満足感をあたえてくれるからです。また、バランスのとれた健康的な食生活の実現にも貢献しているからです。

2013（平成25）年、「和食：日本人の伝統的な食文化」がユネスコの世界無形文化遺産＊に登録されましたが、日本人の多くは、自国の食文化の良さを認識していないように思えます。そこで、にんべんは、かつお節やだしをとおして、日本の食文化のすばらしさをたくさんの人に認識してもらうことを目的に、小学校や中学校などに通う子どもたちだけではなく、栄養士や一般の人びと向けにも、2001（平成13）年以来、「鰹節食育教室」を実施しています。内容は、かつお節の歴史や製造工程の説明、鰹節削り器を使ったかつお節の削り体験、かつお節でだしを取ってからの試飲などです。

にんべんは、こうした食育への取り組みをとおして、かつお節やだしの魅力を多くの人に知ってもらい、日本の食文化がさらに発展していくことをめざしています。

日本橋だし場（NIHONBASHI DASHI BAR）

東京の日本橋にあるコレド室町1という商業施設の1階には、自社のさまざまな商品を販売する「にんべん日本橋本店」があります。日本橋だし場は、その一角にあり、カップに入ったかつお節だしのほか、ランチタイムには、だしを使ったスープ、かつぶしめし、その他のかつお節だしを使った弁当や惣菜などのメニューを用意しています。2010（平成22）年10月の開店以来、にんべん日本橋本店の店舗をふくめたこの場所は、「本物のだしの美味しさに出会える場所」として評判になり、2017（平成29）年12月までに飲まれたかつお節だしは、累計で80万杯を上回りました。

また、となりのビルには飲食店「日本橋だし場はなれ」を設け、にんべんの300年以上の歴史のなかでつちかわれた「だしの旨味」をいかし、さまざまな料理を提供しています。

これらは、にんべんの直営小売事業と飲食事業（⇨P7）ですが、かつお節やだしをとおしてお客さんの声を直接聞くことができるので、新たな商品づくりなどに役立っています。さらに、かつお節やだしにあまりなじみがなかった若い人たちに、日本の伝統の味を知ってもらえる場にもなっています。

日本橋だし場の内観（下）と、かつお節だしを使ったスープや惣菜、かつぶしめしなど（右）。

鰹節食育教室で、鰹節削り器を使ってかつお節を削る小学生。

＊ユネスコ（国連教育科学文化機関）が、世界各地の重要な無形文化財（芸能や祭り、社会的な習慣や儀式、伝統工芸技術など）を人類の文化遺産として認定し、その保護に対して援助をおこなう制度。

安心・安全と環境への取り組み

食品をあつかう企業であれば、安心・安全への取り組みは重要です。にんべんは、HACCPという食品安全管理システムとISO9001という品質マネジメントシステムの両方を取り入れ、食品の衛生管理と品質管理をおこなっています。

HACCPは、"Hazard Analysis and Critical Control Point" の5つの頭文字をとったもので、危害分析重要管理点と訳され、食品衛生管理の国際基準となっています。HACCPでは、原材料の入荷から、製造、そして出荷まで、すべての工程での「危害」の発生を予測し、発生するおそれのある危害の原因を「分析」することで、それを防止するための「重要管理点」を定めます。そして、継続的な監視と記録をおこなうことで、異常が発生したときには対策をとり、解決できるようにしています。

ISO9001は、国際標準化機構という工業製品などの規格（きまり）の統一や標準化をはかるための国際機関が制定する、品質保証に関する国際規格です。ISO9001により、企業は、サービスや製品の一貫した提供と顧客満足の向上が求められることになります。

こうした国際的な基準や規格を取り入れることで、にんべんは、安全な食品の安定的な供給を可能にしています。

また、環境については、環境省が設けたガイドライン*1「エコアクション21」に取り組んでいます。具体的には、二酸化炭素と廃棄物の排出量、水の総排出量と化学物質使用量を確認し、それらを減らすことで、省エネルギーや省資源に取り組んでいます。

「つゆの素」を製造する工場。ペットボトルを軽量化したりプラスチックフィルムをうすくしたりするなど、包材の重量を減らすことで、「エコアクション21」に取り組んでいる。

*1 大まかな目安。 *2 料理のつくり方を示した説明書。

ものづくりの極意

「伝承」と「創造」で「融合」をめざす

新しい時代への対応と挑戦

にんべんの社長を務める髙津克幸さん（写真円内）は、創業者の髙津伊兵衛（⇨P6）から数えて13代にあたります。髙津さんは、にんべんがめざすのは、長い歴史のなかでつちかわれてきたほんものの味を伝えていく「伝承」、次の世代に向けて食を生み育む「創造」、多くの人びとに伝わるように変化していく「融合」だといいます。にんべんは、「つゆの素」や「フレッシュパック」の開発のように、新しい時代に対応し、さまざまなことに挑戦してきました（⇨P6）。髙津さんも、自身が社長に就任した翌年の2010（平成22）年に、「日本橋だし場」をオープンしました。日本橋だし場は、かつお節だしの味を知らない若い人たちに対しては、だしのおいしさを認識してもらえる場となり、また、年配の人たちに対しては、だしのおいしさを再認識してもらえる場となり、だしへの認知度や注目度を高めました。そして、日本の伝統的な食文化として、だしの魅力を消費者に直接伝えることで、にんべんのめざす、伝承、創造、融合をはたしました。

だしの魅力を若い世代にも広げる

髙津さんは、だしの魅力を若い人たちにもっと知ってもらうため、学校給食と食育に力を入れています。学校給食では、自社の商品を取り入れてもらうことで、ほんものの和食の味を子どものころから知ってもらえると考えています。食育では、だしに関心をもつ働く女性たちによる「にんべんだしアンバサダー」と、子育て中の女性による「ママのためのだしアドバイザー」という組織をつくり、だしの魅力を広めています。

とくに食育では、アンバサダーが、にんべん商品を使ったレシピ*2の発信のほか、にんべんとの新商品の共同開発などをおこない、アンバサダーが講師となって、「かつお節教室」を開催しています。そのため、若い女性層という、にんべんにとっては新たな世代に向けた働きかけができ、にんべんのめざす、伝承、創造、融合が実現することが期待されています。

職人ファイル　鈴木 慎二さん（山七* 工場長）

職　種：かつお節の製造
仕事歴：22年（かつお節の製造での仕事歴／山七への入社は2005年）
経　歴：高等学校卒業後、機械整備の仕事と家業のかつお節製造の仕事をへて、入社
子どものときの趣味：サッカー

＊山七は、にんべんのかつお節を製造する協力会社。

工場長として、農林水産大臣賞の受賞をめざす

―子どものころ、どのような仕事につきたいと思っていましたか。

トラックの運転手です。

―子どものころ、どのようなことに関心がありましたか。

スポーツをすることです。とくにサッカーは、小学校1年生からやっていました。

―この会社に入社しようと思ったきっかけは？

かつお節の製造をおこなっていた家業をやめたことがきっかけですが、それまで10年ほどつづけてきたかつお節づくりに、強い思いがあったからです。

―入社してどうでしたか？

家族でおこなってきた家業とはちがい、大きな組織で仕事をすることになり、環境のちがいを感じました。

―ここでは、どのような仕事をしていますか？

生切りから日乾まで、工場長として、かつお節づくり全般を担当しています。

―仕事でたいへんなことは？

かつお節は、長い月日をかけてつくるので、途中の工程でのミスは許されず、やり直しができないことです。

三枚におろしたカツオを、背側と腹側に切り分ける鈴木さん。

―どんなときに、やりがいを感じますか？

半年という長い月日をかけて、できの良いかつお節ができたときです。

―これからめざしていることは？

4年に1度おこなわれる全国鰹節類品評会で、農林水産大臣賞を受賞することです。会社としては、過去に受賞したことがありますが、わたしが工場長になってからは受賞していないので、仕事をするうえでの目標としています。

鈴木慎二さんの1日

- 6:00　始業。生切りをおこなう。
- 9:00　骨抜き、修繕、鰹節カビの植菌などをおこなう。
- 12:00　昼休み。
- 12:45　午後の仕事を開始。水抜き・焙乾や間歇焙乾のために、乾燥機の内部に置かれたせいろの入れかえなどをおこなう。
- 15:00　終業

※日によって、仕事の内容はかわります。

生切りで、カツオを三枚におろす鈴木さん。

私たちがつくっています・伝統食品の二 ②

創業時から受けつぐ伝統的製法でこだわりのみりんをつくる

みりんは、蒸したもち米を米麹と焼酎とともに仕込み、それをしぼってから長期間熟成*1させてつくります。琥珀色*2のとろりとした甘みの強い酒ですが、おもに調味料として使われます。角谷文治郎商店は、製法や原料などにこだわり、みりんをつくっています。

角谷文治郎商店が製造するみりんと、原料のもち米。

角谷文治郎商店
- 所在地／愛知県碧南市
- 創　業／1910（明治43）年*3
- 従業員数／20人

愛知県碧南市

*1 発酵したものが熟し、そのことで風味や旨味が出ることをいい、発酵は、微生物（ここでは米麹）の働きで有機物（ここではもち米）が分解され、特定の物質（ここではみりん）をつくり出すことをいう。　*2 赤みをおびた黄色。　*3 会社の設立は、1982（昭和57）年。

どんなものをつくっているの？

本格仕込みのみりんをつくりつづける

みりんの歴史

みりんのはじまりは、室町時代の後半にあたる戦国時代といわれています。白酒という古くから日本にある酒を腐敗させないために焼酎を加えたのがはじまりという説や、中国から伝わった密淋酒という甘い酒が起源という説があります。

江戸時代になると、甘口の高級な酒として、広く受け入れられるようになりましたが、いまよりも甘みがうすかったといわれています。

調味料として使われた歴史も古く、江戸時代といわれています。当時は、砂糖よりも手に入れやすい甘味料でした。

その後、みりんは発展をとげ、使う焼酎の量により、少ないものは「本みりん」に、多いものは「本直し」に分類されるようになりました。とくに、本直しは、「直しみりん」とも「柳かげ」ともよばれ、酒として飲まれました。

明治時代から大正時代にかけては、身体の栄養となる滋養飲料や、食物の調理に使われる割烹調味料として、全国的に需要は増加しました。そして、甘みや旨味の濃いものが求められるようになりました。そうしたことから、大正末期から昭和初期にかけて、今日のような濃厚なみりんがつくられるようになりました。

角谷文治郎商店は、みりんが広く求められるようになってきた明治時代の末期に、愛知県東部の三河地方で創業しました。この地方は、発酵や熟成などの作用によって酒や醤油などをつくる「醸造」に適した水の良さや温暖な気候にめぐまれたところで、みりんの醸造が、200年以上も前からおこなわれてきました。

みりんの種類

現在、みりんとよばれるものは、「本みりん」と「みりん風調味料」に分類されます。さらに、本みりんは、「本格仕込みのみりん」と「一般的なみりん」に分かれます。

本みりんとみりん風調味料のちがいは、原料や製法、そしてアルコール分です。本みりんは、もち米と米麹とともに、焼酎もしくは醸造用アルコールを使ってつくられ、アルコール分は約14％と高く、酒類としてあつかわれます。一方、みりん風調味料は、水あめのような糖類や化学調味料などを使い、みりんに似せてつくった調味料なので、アルコール分はほとんどありません。

また、本格仕込みのみりんと一般的なみりんのちがいは、製法と原料です。本格仕込みのみりんは、伝統的製法でつくられるので、甑で蒸したもち米を米麹と単式蒸留焼酎（米焼酎）とともに仕込み、焼酎の中で米麹がもち米の甘さを引き出すまで、3か月ほど熟成させます。その後、それをしぼってから長期熟成させるので、醸造と熟成には2年ほどかかります。一方、一般的なみりんは、米の糖分をはやく引き出すために高温糖化法を用いるなど、工業的製法でつくられます。蒸したもち米と米麹に連続蒸留焼酎（ホワイトリカーなど）と水あめを加え、人工的に香りと味を調整し、2か月から3か月でつくります。

1975（昭和50）年ごろのみりんづくりのようす。かい入れ（⇨P16）の作業は、むかしもいまも重労働。

みりん

左から、本格仕込みのみりん、一般的なみりん、みりん風調味料。原料や製法などにちがいがあるので、色にも大きなちがいがある。

なお、本格仕込みのみりんに使用される単式蒸留焼酎は、一般のみりんに使用される連続蒸留焼酎にくらべると、原料（ここでは米）の風味や旨味が生かされているので、本格焼酎ともよばれています。もちろん、角谷文治郎商店のみりんは、単式蒸留焼酎を使って伝統的製法でつくられているので、本格仕込みのみりんです。

こだわりのみりんづくり

角谷文治郎商店のみりんは、創業以来100年以上にわたり、伝統的製法でつくられていますが、そこには、さまざまなこだわりがあります。そのひとつが、「米一升*・みりん一升」です。これは、米一升を使ってみりん一升をつくるということを意味します。

角谷文治郎商店は、みりんの原料の割合を、重量を基準に、もち米9、米麹1、焼酎5としています。これらを仕込むと合計15になりますが、それから3か月ほど熟成させてからしぼるので（⇒P17）、10の液体になります。その後さらに1年以上熟成させると、米10（もち米9＋米麹1）がみりん10となるので、米一升がみりん一升になるのです。

また、一般的なみりんは、水あめなどの糖類を増量剤として加えるので、こうした割合にはなりません。しかし、角谷文治郎商店の本格仕込みのみりんは、こうした糖類を増量剤として使用していないので、米のもつ豊かな甘みと旨味を、醸造という日本の伝統的な技で引き出し、米一升・みりん一升を実現しているのです。そのため、飲んでもおいしいということで、角谷文治郎商店では、調味料としてのみりんだけではなく、みりんを使った梅酒などのリキュールも製造しています。

なお、角谷文治郎商店は、製法だけではなく、原料にもこだわっています。近年、外国産のもち米を使ってみりんを製造するところが増えていますが、角谷文治郎商店では、もち米はもちろん、米麹や焼酎をつくる米も、すべてが国産です。

みりんをはじめとした角谷文治郎商店の商品

三州三河みりん
もち米のおいしさを、醸造という日本の伝統的な技で引き出した、本格仕込みのみりん。そのまま飲めるほどのおいしさと、上品でキレの良い甘さ、照りやつやの良さが特長。

有機三州味醂
農薬や化学肥料にたよらずに自然の生態系のなかで栽培された国内産の有機米を原料に、「米一升・みりん一升」という200年以上も三河地方に伝わる伝統的な醸造法でつくる。米の自然な甘さと旨味、香り豊かな味わいが特長。

三州梅酒10
三州三河みりんに青梅を漬けこんだ梅酒。梅の風味とみりんの甘さが溶け合った、芳醇（香りが高く味が良いこと）でまろやかな味わいが特長。みりん自体に甘みがあるので、梅酒づくりに砂糖は使わない。

三州梅酒
三州三河みりんに青梅を漬けこんだ梅酒。芳醇な味わいとともに、キレのある辛口の味わいが特長。

三州柳かげ
江戸時代に甘口の酒としてつくられたみりんは、甘さをひかえた「柳かげ」とよばれる酒となり、夏には冷やして飲まれていたという。

*一升は、約1.8L。

どんな仕事場？
米の甘みと旨味を長期間の熟成が引き出す

本格仕込みのみりんを生む伝統的製法

角谷文治郎商店の本格仕込みのみりんは、良い原料をたっぷり使い、醸造という日本古来の伝統的な技を生かし、長い時間をかけてもち米の甘みと旨味を引き出すことで完成します。職人は、創業以来おこなわれてきた伝統的製法を受けつぎ、まろやかで深い味わいのみりんをつくります。

1 精米

玄米の状態で納入された国産のもち米を精米する。自家精米をおこなうことで、米のもち味を生かすことができ、雑味のない、上品なコクのある仕上がりになるという。

ぬかや胚芽などを玄米から取り除き、白米にする精米所。右側の精米機などに入れられた玄米は、白米となって左側の研米機や色彩選別機などに送られ、表面についたぬかなどが取り除かれる。

玄米の状態のもち米（左）と、精米したもち米（右）。

2 蒸米

精米を終えたもち米を洗ってから水にひたし、その後、直径2mの甑に入れて蒸し上げる。

直径2mの甑を4段重ね、もち米を40分ほど蒸す。

ふっくらつややかに蒸し上がり、放冷機に移されるもち米。

3 仕込み

蒸し上げたもち米は、冷ましてからタンクに入れ、米麹と焼酎とともに仕込む。その後、3か月ほど熟成させると、米麹のはたらきで、糖化がおこり、もち米から甘みが引き出される。

用具（かい）を使い、タンクの中のもろみをかき混ぜる、かい入れとよばれる作業。

みりん

4 しぼり

もち米、米麹、焼酎は、仕込まれて3か月ほど熟成させると、もろみとなる。そのもろみを酒袋に入れ、槽の中に積み重ね、みりんをゆっくりとしぼる。

熟成させたもろみを、タンクからくみ上げ、酒袋に入れる。

もろみを入れた酒袋を、槽の中に積み重ね、上から圧力をかけ、みりんをしぼる。

5 熟成

しぼったみりんはタンクに入れられ、長期間の熟成をへて、美しい琥珀色（⇨P13）の味わい深いみりんへと変化する。

みりんの熟成がおこなわれている貯蔵タンク。

6 びん詰め

でき上がったみりんは、びんに詰められ、検査をへてから出荷される。

びんに詰められたみりんを、1本ずつ検査する。

びんに詰められていくみりん。

もっと見てみよう
自家製にこだわったみりんで新たな展開

できるかぎり自分たちの手でつくる

16ページにもあるように、角谷文治郎商店では、もち米を玄米のままで仕入れ、工場で精米しています。自家精米をすることで、思いどおりの仕上がりが実現するからです。そのため、もち米とともにみりんづくりの原料となる米麹と焼酎も自家製で、仕入れた米を使い、工場でつくっています。

本格仕込みのみりんにこだわり、香り豊かでふくよかな味わいのみりんをつくるためには、米麹づくりにも焼酎づくりにもこだわり、最適の原料を用意しなければならないのです。そして、できるかぎり自分たちの手でつくることが、角谷文治郎商店のみりんの評価を高めてきました。

そうしたこともあり、2016（平成28）年におこなわれた「伊勢志摩サミット」では、日本を訪れた外国の要人たちの料理に、角谷文治郎商店のみりんが使われました。

自家製の米麹。室とよばれる部屋で、蒸したもち米に麹菌を繁殖させてつくる。

自家製の焼酎が貯蔵されているタンク。

ワンポイント

調味料としてのみりんの効果

みりんは、長い時間をかけ、もち米をていねいに醸造してつくられているので、砂糖にはない、上品でまろやかな甘さがあるという。また、みりんにふくまれるアルコールのはたらきもあり、調味料として使用することで、次のような5つの効果を生む。

● **照り・つやを出す**
みりんの複雑な甘み成分が、加熱することで膜をつくるので、砂糖の倍近くの照りとつやを出す。

里いもの煮物。

● **こく・旨味を引き出す**
アルコールの分子が材料の組織内にしみとおるときに、ほかの味の分子も一緒に引きこむので、熱でアルコールが蒸発すると、素材の旨味だけが残る。

たけのこの煮物。

● **香り・マスキング**[*1]
アルコールが蒸発するときには、材料の奥にあった生臭みの成分も一緒にかかえて蒸発する。糖化や熟成によって生じたみりん特有の成分にも、消臭効果がある。

さばのピリ辛みそ煮。

● **煮くずれを防ぐ**
材料にアルコールがしみとおることで、身（組織）を引きしめる。

肉じゃが。

● **上品でまろやかな甘み**
砂糖の甘みの成分がショ糖[*2] 1種類だけなのに対し、みりんには、ブドウ糖をはじめ、何種類もの糖がふくまれているので、上品でまろやかな甘みを生む。

トマトのコンポート。

---

*1 ほかの香りや強いにおいで、もとのにおいを包みかくすこと。
*2 さとうきびやてんさい（さとうだいこん）などからとられた糖。

みりんを海外へ

　角谷文治郎商店は、みりんの輸出に取り組んでいます。輸出先は、香港や台湾、アメリカやEU諸国などです。アジアへの輸出のきっかけは、2011（平成23）年に香港でおこなわれた商談会への参加ですが、いまでは、海外の高級スーパーのほか、和食レストランをはじめとした各種レストランへの販売をおこなっています。

　みりんは、日本の伝統的な調味料ということもあり、食文化や好みにちがいのある海外の人たちへの販売にあたり、その価値をどう伝えていくかが課題になりました。そこで、角谷文治郎商店は、その課題を解決するために、中国料理をはじめ、各種の料理に対応したレシピ（調理法／⇨P11）を準備し、提案をおこないました。そうしたこともあり、ここ数年で、取引先を増やすことができました。現在、取引先のなかには、みりんの新たな使い方をシェフ（料理長）自らが提案してくるレストランもあるそうです。

2016（平成28）年に香港でおこなわれた食品見本市「FOOD EXPO」の角谷文治郎商店のブースで、みりんを手にする料理人や料理研究家たち。

2017（平成29）年にフランスのパリでおこなわれた世界最大のチョコレートの祭典"サロン・デュ・ショコラ"で、「有機三州味醂」を使ったショコラ（チョコレート）がならぶブース。

ものづくりの極意
みりんづくりをとおして日本の環境保全に貢献

米と日本の農業への思い

　角谷文治郎商店のつくるみりんの原料は、もち米と米麹、そして、米でできた焼酎です。仕込むときには添加物を使わないので、角谷文治郎商店のみりんは、米が原料といえます。

　米は、日本の風土や気候に適した穀物であり、わたしたち日本人の主食です。北は北海道から南は沖縄県まで、全国各地でつくられています。

　角谷文治郎商店の社長を務める角谷利夫さん（写真円内）は、「日本のお米を原料にみりんをつくることで、日本の緑の確保と環境保全に貢献したい」と考えています。

　わたしたち日本人は、米づくりがおこなわれることで、田んぼの風景から四季の移りかわりを知り、楽しむことができます。また、灼熱の太陽のもとであっても、緑におおわれ、水をたくわえた田んぼは、急激な気候の変化をやわらげ、わたしたちの快適な生活空間を守っています。そのため、角谷さんは、米づくりにかぎらず、日本の農業を守っていくには、だれもが、農業が環境保全にはたす役割を評価し、国内または自分が生活しているところの近くで収穫された農作物を買うべきだと考えています。

　そうしたこともあり、角谷文治郎商店は、国産の米にこだわり、みりんづくりをしているのです。

有機農業がさらに実現するためにも

　農薬は、農作物を食いあらす虫や病気をもたらす菌を退治し、水田の雑草を取り除くので、農作物の成長を良くします。しかし、使い過ぎたり使い方をまちがえたりすると、農作物を食べた人に深刻な害をおよぼします。また、風でほかのところに飛んでいくと、環境に悪い影響をあたえます。

　角谷さんは、こうした農薬とともに化学肥料を使わない、有機農業がもっと広がっていくことにも貢献したいと考えています。そのため、角谷文治郎商店では、農薬や化学肥料にたよらずに自然の生態系のなかで栽培された、国内産の有機米を原料とする「有機三州味醂」のようなみりんをつくっているのです。

職人ファイル

角谷 利夫さん（角谷文治郎商店 代表取締役（3代目））

職　種：みりんの製造
仕事歴：51年（1966年入社）
経　歴：高等学校卒業後に入社
子どものときの趣味：ものづくり

仕込み（⇨P16）の工程で、タンク内のもろみをかき混ぜる角谷さん。

お米のおいしさやすばらしさを、みりんで伝えたい

―子どものころ、どのような仕事につきたいと思っていましたか。

家業のみりんづくりの仕事です。

―この仕事を選んだ理由は？

家業を受けつぐためですが、いまから50年ほど前は、日本人の食生活や生活様式が変化し、みりんの業界全体が苦しい時代でした。そうしたなか、それを見て見ぬふりはできないと考えていました。

―入社してどうでしたか？

製造したみりんの販売をとおして、たくさんの人と出会い、いろいろなことを教えてもらいました。そのことで、仕事の取り組み方や目標が定まり、新たな取り引きにつながりました。

―ここでは、どのような仕事をしていますか？

社長としての会社経営の仕事とともに、生産や出荷の状況を管理する、工場長としての仕事もおこなっています。

―仕事でたいへんなことは？

2年かけてみりんを製造するので、3年先の原材料を手配する必要があります。そのため、お米を取り巻く社会情勢の変化には、とくに注意をはらわなければなりません。

―この仕事の魅力は？

たくさんの人に出会えることです。また、はじめて会った人から、角谷さんのつくったみりんを使っているといわれることもあり、多くのお客さんに支えられていることを実感できることです。もちろん、お客さんから会社に寄せられる喜びの声も、この仕事の魅力です。

―これからめざしていることは？

お米のおいしさ、すばらしさを、みりんをとおして伝えることです。みりんは、ご飯を食べたときに体内で生まれるお米の甘みと旨味を、熟成をとおして引き出すので、わたしたちは、それらを味わえるのです。そのためにも、みなさんに期待されるものをつくっていきます。

角谷利夫さんの1日

- 8:00　始業。1日の生産全体の流れを確認し、それぞれの現場で、具体的な指示をおこなう。
- 12:00　昼休み。
- 13:00　午後の仕事を開始。作業報告に目をとおすとともに、帳簿の確認などをおこなう。日によっては、地元の酒造組合の副会長として、会議や会合に出席する。
- 18:00　終業。

※日によって、仕事の内容はかわります。

しぼり（⇨P17）の工程で、もろみを酒袋に入れる角谷さん。

私たちがつくっています・伝統食品の二 ③

安心・安全な良い素材を用いて最高の味と香りのごま油をつくる

ごま油は、ごまの種子に圧力を加え、しぼりとった油です。山田製油は、ごま油をはじめ、ごまを使ったさまざまな製品を、創業時からの製法や伝統の味と香りを守り、手間ひまかけて、ていねいにつくっています。

山田製油
- 所在地／京都府京都市
- 創　業／1934（昭和9）年＊
- 従業員数／40人
  （パートをふくむ）

京都府 京都市

山田製油がつくる、さまざまなごま油。

＊会社の設立は、1993（平成5）年。

どんなものをつくっているの？
創業時の製法を「へんこ」に守りつづける

おいしいものをつくるには

山田製油のつくるごま油が入った容器には、どれにも「京都山田のへんこ一番絞り」と記されたラベルがはられています。「へんこ」は、漢字で「偏固」と書き、偏屈や頑固といった意味があります。「一番絞り」は、二度三度しぼるのではなく、ごまをしぼるのは一度だけということで、一番絞りのものだけが、山田製油のごま油になるということを意味します。

山田製油は、創業から80年以上、この製法を「へんこ」に守りつづけ、一番絞りのごま油をつくっています。また、ごま油だけではなく、すべての製品で、次の3つの条件を守っています。

- 添加物*1、保存料*2、化学調味料を一切使用しない。
- 製造工程で、抽出薬*3や漂白剤*4などの薬品を一切使用しない。
- 手づくり。おいしさのためには、手間ひまをおしまない。

山田製油は、こうしたむかしながらの製法で、まじめに誠実に、へんこなまでに手仕事にこだわり、ほかが面倒がってやらないことでも、地道にていねいにすることで、おいしいものができると考えているのです。

山田製油のつくるごまを使用した製品の一例

ごま油
左から、白ごまを使用し、あっさりした風味の「ごま油」、金ごまを使用し、まろやかで深みのある味わいの「金ごま油」、黒ごまを使用し、濃厚な香りとコクの「黒ごま油」。

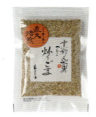

ごま
ごまの香りが一番よくなる瞬間をのがさず仕上げた、香り豊かな「炒りごま（白）」と「炒りごま（黒）」。和えものや麺類の薬味、フライの衣などに使える。

練りごま
濃厚なごまの風味とコクが味わえる「練りごま（白）」と「練りごま（黒）」。ごま豆腐や和えもののほかにも、味噌汁やカレーなどのコクだしにも使える。

ごまらぁ油
一番絞りごま油と国産の唐辛子でつくった「ごまらぁ油」。辛さのなかにも、香り、コク、旨味が味わえる。

ふりかけ
白ごまに磯の香り豊かな海苔とわかめを加えた「ごまふりかけ（わかめ）」と、白ごまと梅の風味であっさりとした味わいの「ごまふりかけ（うめ）」。どちらも、添加物は使用していない。

ごま塩
「黒ごま塩」と「白ごま塩」。清らかな井戸水と岩塩で塩水をつくり、それにつけたごまを鉄鍋で炒りあげるので、塩が見えないふしぎなごま塩ができる。

*1 食品添加物ともいい、漂白剤、防腐剤、甘味料など、食品の製造や加工のときに加える、さまざまな物質。
*2 防腐剤ともいい、ものがくさらないように、菌の繁殖を防ぐための薬品。　*3 抽出（固体または液体のなかから特定の物質を取り出すこと）に用いる液。　*4 漂白（色素を取り除いたり、色素を分解して無色のものにかえたりすること）に用いる薬。

安心・安全のために

山田製油には、「ええもんつこて、うまいもん作らなあかん！」という商品製造の方針があります。標準語にすると、「安心・安全な良い素材を用いて、最高の味の商品をつくらねばならない」ということです。そのため、創業以来、左ページの3つの条件を守りつづけているのです。

また、使用する原材料を新たに選ぶにあたっては、安心・安全のために、必ず現地を訪れ、生産者に会い、生産方法を確認します。そして、その人たちが自分たちと同じ「志」をもっているかどうかを確認したうえで、取り引きをはじめます。

なお、山田製油の志は、企業理念*としてかかげられている「世のため人のためになる食べ物をつくる」という思いです。山田製油は、こうした思いを生産者とも共有し、たがいに信頼関係を築くことこそが、安心・安全につながると考えているのです。

経済産業省「The Wonder 500」に選定

「The Wonder 500」は、地域活性化を進めることを目的に、日本が誇るべき優れた地方産品を選定し、世界に広く伝えていく、経済産業省のプロジェクト（事業）です。選定の基準は、「つくり手の思いやこだわりがこめられているもの」「日本固有のものづくりやサービスを支えている伝統的な価値観を組み合わせた革新性のあるもの」です。

2015（平成27）年にはじまり、その年は、観光、キッチン雑貨、生活雑貨、文具、インテリア、ファッション、食、飲料の8つの部門で、500の商財が選定されました。山田製油の「へんこ一番絞りごま油」も、「日本が誇るべき優れた地方産品『ふるさと名物』」として選定されました。

なお、食の部門では115の商財が選定されましたが、ごま油で選定されたのは、山田製油の「へんこ一番絞りごま油」だけでした。山田製油の製品は、まさに選定基準のひとつとしてあげられている「つくり手の思いやこだわりがこめられているもの」なのです。

ワンポイント
ごまの種類と成分

ごまは、大きく分けると、白ごま、金ごま、黒ごまの3種類になる。白ごまは、脂肪分が多く、甘みが濃厚で、ごま本来の味を楽しめる。金ごまは、独特の深い甘みと高い香りが特徴で、黒ごまは、洗練された香りとともに、しっかりとした味わいが特徴。

ごまの成分は、50％が油分、20％がタンパク質、そして残りの30％は、ビタミン類、ミネラル（カルシウムや鉄分など）、食物繊維。栄養成分が豊富で、含有量が多いので、植物性食品のなかでは、栄養価はトップレベルといわれる。

白ごま　金ごま　黒ごま

経済産業省の「The Wonder 500」に選定された「へんこ一番絞りごま油」と、その認定書。

*企業の創設者や経営者が、経営をおこなううえでもっている基本的な考え方。

どんな仕事場?

創業時の製法で、伝統の味と香りを守る

手間ひまかけてつくるごま油

山田製油の「へんこ一番絞りごま油」は、職人の手作業で、1か月ほどかけ、地道にていねいにつくられます。

ごま油をはじめとしたごま製品は、味とともに香りが重要です。そのため、製造工程で良い香りの瞬間をのがすことがないように、山田製油の職人は、コーヒーとたばこが禁止されています。そして、味覚や臭覚を整え、毎日の仕事に取り組んでいます。

❶ 釜炒り

ごまを鉄釜で炒る。炒る時間は、20分から25分ほどだが、その日の気温や湿度などに応じて加減する。

ごまを鉄釜から取り出し、炒り上がりの具合を確認する。

炒り上がったごまを鉄釜から取り出し、圧搾機に移す。

❸ 湯洗い・自然沈澱

翌日、ドラム缶に湯を入れてかきまぜ、密封して約3週間ねかす。油よりも比重の重い水が不純物とともにドラム缶の底にしずむので、旨味だけが油に残る。

湯洗いをおこなうため、油の入ったドラム缶に、やかんでお湯を入れる。

❷ 圧搾

炒り上がったごまに圧力をかけてしぼり、ドラム缶に入れ、常温でさます。

機械による圧搾のようす。しぼられた油（左）と油粕（右／油をしぼり終えたごま）に分けられる。

しぼられた油をドラム缶に移す。

ごま油

4 精製・ろ過

約3週間ねかせることで熟成した油の上澄みをとり、鉄釜に移して薪で加熱し、わずかに残った水分をとばして精製する。その後、ろ紙を敷いたろ過機に入れてこす。

熟成した油の上澄みを、ドラム缶1つにつき、1時間ほどかけて取る。

鉄釜で精製された油を、ろ過機に移す。

お湯を入れ、かきまぜられた油。

自然沈澱とともに、熟成のためにねかされている、ドラム缶に入った油。ドラム缶のならぶ部屋は、熟成に適した温度に保たれている。

5 びん詰め

こされた油をびんに詰めると、ごま油ができ上がる。

でき上がったごま油を、1本ずつびんに詰める。

びんにラベルがはられ、ごま油は出荷される。

もっと見てみよう
ごまをとおした新たな取り組み

食品ロスへの対応

　食品ロスは、食べられるのに捨てられてしまう食品のことです。小売店での売れ残りや期限切れ、製造過程で発生する規格外の食品や食材、飲食店や家庭での食べ残しなどが原因で生じます。農林水産省の平成26年度の推計では、日本の食品ロスは、年間621万トンとされ、国連ＷＦＰ＊による世界全体の食料援助量の2倍近くになります。

　ごま油の製造でも、油をしぼり終えたごまは、油粕として廃棄されることになりますが、山田製油では、飼料や肥料として使用してもらうため、農家に販売しています。しかし、一番絞りのごま油をつくる山田製油では、ごまを1度しかしぼらないので、油粕には約20％の油分がふくまれ、さらに油をしぼることもできます。なかでも、生絞りごま油の油粕は、あらかじめ不純物（砂やほこりなど）が除かれた洗いごまが使用され、釜炒り（⇨P24）による焙煎がおこなわれていないので、ほかの食品に用いることも可能です。そこで、山田製油では、生絞りごま油の油粕の製品化を考え、試行錯誤の結果、「ゴマプードル」というパウダー（粉）の開発に成功しました。さらに、それを使った菓子づくりにも取り組み、「ごまクッキー」と「ごまグラノーラ」という製品を開発しました。

　また、山田製油では、これまで肥料や飼料として農家に販売していた、洗いごまではないごまを焙煎することで生じる多くの油粕についても、京都市内でほかの食品を製造する2社の協力を得て、製品化に取り組みました。その結果、その2社で食品ロスとなっている、だし、かつお節、昆布を利用し、佃煮の開発に成功しました。

　なお、山田製油の食品ロス削減への取り組みは、MFCA（⇨右ページ）という環境管理会計の手法を用いたので、環境への取り組みにもなりました。

国産ごまの栽培

　現在、日本で消費されているごまのほとんどは、海外からの輸入でまかなわれています。山田製油では、「国産のごまがほしい」というお客さんの要望に応じるため、ごま油をはじめとした純国産のごま製品をつくっています。

　しかし、国産のごまは、とても量が少なく、入手は困難です。そこで、山田製油は、工場のある京都府南丹市や鹿児島県の喜界島で、ごまの栽培に取り組んでいます。

　ごまは、6月に種をまき、8月下旬から9月に収穫し、10月に選別などをおこない、出荷します。

貴重な国産のごまでつくった「純国産 黒ごま油」。

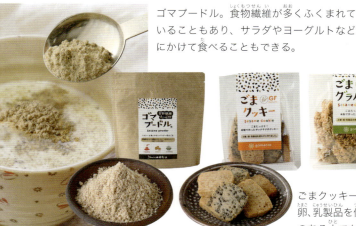
ゴマプードル。食物繊維が多くふくまれていることもあり、サラダやヨーグルトなどにかけて食べることもできる。

ごまクッキー（左）とごまグラノーラ（右）。小麦、卵、乳製品を使わずにつくっているので、アレルギーのある人でも、安心して食べられるという。

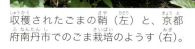
収穫されたごまの鞘（左）と、京都府南丹市でのごま栽培のようす（右）。

＊飢餓と貧困をなくすことをめざして、食糧の不足している国や天災などで被災した国に、食糧援助をおこなう国連世界食糧計画という機関のこと。

ごま油

ごまを通じて国際貢献

　山田製油は、日本貿易振興機構（JETRO）*1を通じて、アフリカ東部のウガンダでのごま栽培を支援しています。ウガンダは、赤道直下の内陸国で、大部分が海抜1200m前後の高原地帯です。熱帯の気候ですが、1年のうちで乾期と雨期があるサバナ気候です。ごまは、乾燥に強い作物なので、ウガンダの環境に適しています。

　ごまは、農薬や化学肥料を用いることなく栽培され、収穫されると、フェアトレード*2という考え方にもとづき、山田製油が公正な値段で買い取ります。そのため、山田製油は、ウガンダの環境保全と生産者の所得確保に貢献しているのです。

　もちろん、ウガンダから輸入したごまは、「ええもんつこて、うまいもん作らなあかん！」という商品製造の方針にもとづき、山田製油のごま製品となっています。

ウガンダでのごま栽培のようす。写真には、栽培に取り組む現地の人びととともに、山田製油の山田社長（右）と、栽培を支援する坂ノ途中という京都市の会社の社長（中央）が写っている。

ワンポイント
MFCA

　MFCAは、"Material Flow Cost Accounting"の頭文字を取ったもので、製造工程で生じるロス（損失）を、物量とコスト（費用）で明らかにすることで減らしていくという会計手法。その結果、環境への影響を減らすとともにコストを減らすことが実現するので、環境管理会計手法ともよばれる。

ものづくりの極意
世のためになるものをつくる

創業者の志を受けつぐ

　山田製油の3代目の社長を務める山田康一さん（写真円内）は、大学を卒業後、大手冷凍食品会社に就職しました。そして、冷凍エビを仕入れてスーパーに売りこむ仕事をしていました。当時の山田さんは、冷凍エビを漂白剤や脱臭剤につけこむことに疑問や納得できない思いをかかえながらも、「仕事だから」と割り切っていたそうです。

　しかし、あるとき山田さんは、「世のためになるものをつくろう」という志で山田製油を創業した祖父とは、まったく反対のことを自分がやっていることに気づきました。そこで、山田さんは5年間勤務した会社を辞め、「おじいさんのように身体に良い、人にほこれるものをつくろう」と決意し、山田製油の仕事を受けつぐことにしました。

「へんこ」な取り組みが評価され

　山田さんは、中学生や高校生のころから、2代目の父親のすがたを見よう見まねで、油をしぼる仕事などを手伝っていました。そこで、すぐに妻と2人で、ごま油づくりをはじめます。

　ところが、すべてが手作業なので、できる量は少なく、なかなか販売先も見つかりませんでした。そのため、1年目と2年目は売上も少なく、運送屋などでアルバイトをしながら仕事をつづけました。途中、挫折しそうになったこともあり、価格を大手メーカーに合わせて下げれば売れるのではと考えたこともありました。しかし、「良いものをつくっているのだから安くしなくても」という妻のことばで思いとどまり、価格を下げずに、自然食品の店を一軒ずつ訪ね歩きました。

　そして、7年ほどが経過すると、ようやく手ごたえを感じるようになり、10年を過ぎたころには、創業時の製法を守り、手作業にこだわるなど、山田さんの「へんこ」な取り組みに賛同してくれる大手百貨店やスーパーといった取引先も増えました。また、個人のお客さんからも、高く評価されるようになりました。

*1 経済産業省の独立行政法人として、外国との貿易の拡大や円滑な通商経済関係の発展を目的に、海外の市場調査、国際見本市の開催、輸入促進への協力などをおこない、日本の貿易の振興についての事業を実施する。　*2 発展途上国の農産物などの商品を、その生産者に公正な賃金や労働条件を保証するために、適正な価格で購入する取り組み。

職人ファイル　山田 康一さん（山田製油　代表取締役（3代目））

職　種：ごま油の製造
仕事歴：28年（1989年入社）
経　歴：大学卒業後、大手冷凍食品会社をへて入社
子どものときの趣味：プラモデルづくり

正直なものづくりで得た信頼を、もっと大きくしたい

「俺の油」をつくるため、ごまを炒る山田さん。

―この仕事を選んだ理由は？
自分に正直に、納得できるものをつくろうと考え、勤めていた会社を辞め、家業を受けつぐことにしました。

―入社してどうでしたか？
1年目の売上はわずか37万円でしたが、自分の思ったことができるので、楽しかったです。そのため、人にほこれるものをつくろう、人のためになるものをつくろうと、妥協せずに取り組みました。

―ここでは、どのような仕事をしていますか？
社長としての会社経営の仕事とともに、自分自身でなければつくれない「俺の油」というごま油の製造もおこなっています。

―仕事でたいへんなことは？
会社が大きくなったこともあり、自分の思いを、すべての社員とのあいだで共有することがむずかしくなったことです。そのため、1日の仕事のなかでは、社員とのコミュニケーション（会話）を大切にしています。

―製造するうえで、気づかっていることは？
感性と観察力です。とくに、いまつくっているものが世の中から支持されているのかということには、つねに注意をはらっています。

―この仕事の魅力は？
ごまかしなく、正直なものづくりができることです。

―この仕事のどんなところに、やりがいを感じますか？
社員の成長です。

―これからめざしていることは？
世界で一番信頼してもらえる会社です。この会社のものならまちがいないという信頼と信用を、もっと大きくしていきたいです。

しぼり出てくる油の香りを確認する山田さん。

山田康一さんの1日
- 6:00　始業。「俺の油」の製造。
- 12:00　昼休み
- 13:00　書類の確認をおこなうほか、2つの工場や経営するレストランなどを回り、ミーティングなどをとおして、社員とのコミュニケーションをはかる。
- 19:00　終業。

※日によって、仕事の内容はかわります。

私たちがつくっています・伝統食品の二 ④

江戸時代からの伝統を大切に守り
質の高いかまぼこを天然素材でつくる

かまぼこは、魚肉に塩などを加えてすりつぶし、それを蒸したり焼いたりして固めたものです。鈴廣かまぼこ（以下、鈴廣とする）は、「食するとは生命をいただくこと」という考え方にもとづき、伝統を大切に守りながらも、つねに新しいことに挑戦しています。

鈴廣かまぼこ
- 所在地／神奈川県小田原市
- 創業／1865（慶応元）年＊
- 従業員数／666人

＊会社の設立は、1951（昭和26）年。

鈴廣が製造する、板につけたかまぼこをはじめとした、さまざまな水産練り製品。

どんなものをつくっているの？

生命をいただき、生命をうつしかえる仕事

江戸時代末期創業の老舗だからこそ

かまぼこは、平安時代後期の文献にも登場するので、900年以上の歴史をもつ伝統食品です。小田原かまぼことして有名になったのは、江戸時代の中期といわれています（⇨右ページ）。

江戸時代末期に創業した鈴廣は、150年以上の歴史がある「老舗企業」ですが、会社の経営上の方針を示す社是は、「老舗にあって老舗にあらず」です。「老舗にあって」と「老舗にあらず」には反対の意味がありますが、それぞれ次のようなことを意味します。

「老舗にあって」は、どんな時代になっても、決して変えてはならないことは頑固に守るという決心で、変えてはならないこととは、商売の姿勢です。

「老舗にあらず」は、かまぼこの製造でつちかってきた伝統を守り、大切にしていくには、現状に満足するのではなく、つねに新しいことに挑戦しつづけることが必要だということです。そのため、さまざまなことに取り組むことが、鈴廣の仕事のやり方です。

昭和20年代（1945年からの10年間）の鈴廣の本町店。

天然素材でつくるかまぼこ

鈴廣の企業理念（⇨P23）のなかには、「食するとは、生命をいただき、生命をうつしかえること。」という記述があります。1本のかまぼこをつくるには、20cmほどのグチという魚を5匹から7匹も使います。そのため、魚の命を大切にし、魚のおいしさが一番引き立つように、保存料や化学調味料は一切使わず、天然の素材を使用し、かまぼこづくりに取り組んでいます。

かまぼこをつくるには、良質な塩と水が必要です。塩は、海水を天日で干し、釜で煮て結晶させたものを使います。この塩は、海のミネラルをたっぷりとふくむので、魚肉の弾力を引き出すだけでなく、かまぼこを風味よく仕上げます。水は、「箱根百年水」という小田原の地下水を使います。この水は、富士山や箱根とその周辺の山に降った雨が、地中で何十年もかけ、ろ過されたものです。ミネラル分をほどよくふくむので、この水で魚の身をさらすと、余分な成分が洗い流され、白くて美しいかまぼこができます。

ほかにも、魚醤＊、酒粕、みりん、昆布だしなどを使いますが、すべてが天然素材の調味料です。

こうしたことで、鈴廣は、魚の身に多くふくまれるタンパク質を良質な状態でかまぼこに取り入れ、栄養価の高いかまぼこを提供しています。

鈴廣がつくるさまざまなかまぼこ（製造方法のちがいによる4種類のかまぼこ）

蒸してつくるかまぼこ
板付きかまぼこを切った「板わさ」と、魚のすり身と海や山の新鮮な素材を合わせてつくる「オードブルかまぼこ」。

焼いてつくるかまぼこ
魚のすり身に卵や砂糖などを加えてつくる「伊達巻」と、うすくのばした魚のすり身を竹の棒に巻いてつくる「ちくわ」。

揚げてつくるかまぼこ
魚のすり身に海や山の素材を加えてつくる「あげかま」。

茹でてつくるかまぼこ
やさしくのばした魚のすり身を茹でてつくる「しんじょ」。

＊魚のしょうゆ。

かまぼこ

高い品質を保つために

　保存料や化学調味料を使用せずに食品の賞味期限を長く保つには、製造工程での衛生管理のレベルを高める必要があります。そのため、鈴廣の職人は、工場に入るにあたり、手洗いや衣服の殺菌を徹底的におこないます。また、ひとつの作業を終えると、使った道具や機械をきれいにそうじします。さらに、かまぼこがおいしくできているかどうかを確認するため、機械を使って毎日記録をつけるとともに、ベテランの職人が味見をおこない、見た目や食感、香りなどの検査をしています。
　こうした取り組みにより、鈴廣のかまぼこは、高い品質が保たれているのです。

ベテランの職人による、でき上がったかまぼこの検査。

技を受けつぐ職人

　150年以上の歴史がある鈴廣では、それぞれの時代で、職人たちが、かまぼこづくりの伝統的な製法を守り、よりおいしいかまぼこをつくるために知恵をしぼり、次の世代の職人に技を伝えてきました。いまでは、そうしたことに加え、水産練り製品製造技能士という資格を取得することを推奨しています。
　この資格は、厚生労働大臣認定の1級と都道府県知事認定の2級があり、鈴廣には、12人の1級技能士と42人の2級技能士がいます。

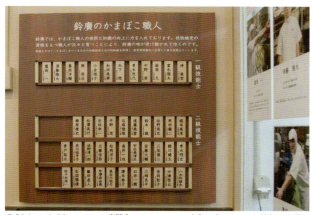
技能士の資格をもち、鈴廣のかまぼこの技を受けつぐ職人の氏名が記された名札。

ワンポイント
小田原かまぼこ

　神奈川県の南西部にあり、魚の種類が豊富な相模湾に面する小田原は、古くから漁業がさかんだった。また、水にもめぐまれていたので、かまぼこづくりが江戸時代にさかんになった。そして、東海道の宿場町でもあったので、参勤交代の大名や旅人のあいだで評判になり、「小田原かまぼこ」として全国に知られるようになった。

大正末期（1925年前後）の鈴廣の工場。職人が、1本1本手作業で、すり身を板につけている。

大きめの板に、さまざまな色の魚のすり身をぬり重ね、鶴の「切り出しかまぼこ」をつくる職人。職人技により、切っても切っても同じ形の鶴があらわれる。

どんな仕事場？
伝統の技を受けつぐ手づくりのかまぼこ

職人に求められる技と勘

かまぼこの製造では、魚をおろしてからとった魚肉を、水にさらしてからしぼり、調味料を加えてすりつぶし、すり身をつくります。その後、すり身を板につけ、蒸してから冷やすと、かまぼこができ上がります。

すべての工程で、熟練の技とともに、研ぎすまされた職人の勘が求められます。

1 採肉

仕入れた魚の皮や骨を取り除き、魚肉だけをとる。

かまぼこの原料となるグチという魚（上）と、三枚におろされた原料（左）。

原料を機械に入れると（上）、皮などと魚肉に分けられる（右）。

2 水晒し

魚肉を「箱根百年水（⇒P30）」で洗い、余分な成分を取り除く。血液や脂肪などを取り除くことで、生臭さのない、白くて弾力性のあるかまぼこに仕上がる。

魚肉の入った容器に、地下水を入れてかき混ぜる。しばらく置くと、余分な成分がうき上がってくるので、それを捨てる。

魚肉を布袋に入れ、上から圧力をかけ、余分な水をしぼり取る。

かまぼこ

③ 擂潰(らいかい)

魚肉を、石臼(いしうす)と杵(きね)のついた機械(擂潰機(らいかいき))に入れ、塩を加えてすりつぶす。その後、ほかの調味料を加え、さらにすりつづけると、なめらかでねばりのあるすり身ができる。

擂潰機に魚肉を入れる。

擂潰機から取り出した魚肉を手にし、その状態を確認する。

すり身を、擂潰機から取り出し、機械で裏ごしをおこなう。裏ごしにより、すり身に混ざった皮や小骨などが取り除かれ、さらに白くてなめらかなすり身となる。

④ 成形(せいけい)

すり身を板につけ、かまぼこの形をつくる。すり身を少しずつ重ねて土台をつくる「引き起こし」、すり身の層を重ねる「中がけ」、すり身を表面につけて形を整える「上がけ」の3段階で、扇を広げた形にしていく。

まな板の上で、専用の包丁を使ってすり身を練ってうすくのばし、空気を抜いてから板につける。

⑤ 加熱(かねつ)

かまぼこをせいろにならべ、蒸気で包むようにして蒸す。蒸し終えてから冷やすと、かまぼこができ上がる。

蒸すためにせいろに入れられたかまぼこ(右)と、蒸し上がったかまぼこ(下)。

33

もっと見てみよう
かまぼこをとおした新しいことへの挑戦

食の循環とのかかわり

大地に降った雨は、農作物を育て、大地から栄養分を得て、海へと流れます。海では、栄養分豊富な水で育ったプランクトンが、魚などのえさとなります。そして、海の水は、太陽の熱で蒸発し、雲となってふたたび雨を降らせ、大地にもどっていきます。

わたしたちのくらしの源は「食」ですが、それは、大地が育てた農作物や畜産物、豊かな海が育てた魚介類などの食料によって支えられています。その食料を生み出しているのは、こうした水の循環を介した食の循環です。鈴廣は、こうした循環のなかで、魚を使ってかまぼこをつくるだけではなく、農作物の肥料づくりや水源の森づくりをおこなうことで、深いかかわりをもっています。

肥料づくりでは、かまぼこづくりで使われない魚のアラ（骨、皮、内臓など）とともに、ビールのしぼりかすを利用し、「うみからだいち」という魚肥をつくっています。これを地元の農家に使ってもらい、できた農作物は、自社の製品やレストランで使っています。

森づくりでは、農作物とともに、鈴廣のかまぼこづくりに欠かせない水の源流となる森林を守り育てるため、「かながわ水源の森づくり」という神奈川県の事業に協力しています。社員や家族など、鈴廣の関係者が、森林の保全にかかわっています。

魚肥「うみからだいち」。土壌を豊かにするとともに、土壌の養分が川に流れ、海へとそそぐことで、海も豊かになり、魚も育つという。

一部の木を伐採して残った木の成長をうながす「間伐」により、手入れがおこなわれる森林。

伝統の技による新たな取り組み

鈴廣は、これまでつちかってきた伝統の技をもとに、魚肉ペプチドの開発、魚肉たんぱく研究所の開設など、新たなことに取り組んできました。

魚肉ペプチドは、魚の身に多くふくまれるタンパク質を、かまぼこよりもさらに手軽に、もっと効率的に食べる方法として考え出されました。具体的には、魚のタンパク質を体が吸収しやすいペプチドという状態に分解することに成功し、「サカナのちから」というサプリメント（栄養補助食品）として発売したのです。

魚肉たんぱく研究所は、魚肉の新たな可能性をさぐることを目的に、海の状態や魚の肉質などの研究に取り組んでいます。魚のアラからつくった有機肥料「うみからだいち」は、魚肉たんぱく研究所により生み出されました。

良質な魚のタンパク質を手軽にとれる「サカナのちから」。

かまぼこ

鈴廣かまぼこの里。

鈴廣かまぼこの里

鈴廣の本社や工場のある小田原市風祭には、鈴廣かまぼこの里という施設があります。そこには、鈴廣の製品などの買い物が楽しめる施設や、地元の海の幸や山の幸などを使った料理が楽しめる施設があります。関東地方の代表的な温泉地として知られる箱根に通じる国道1号線沿いにあり、かまぼこについて楽しみながら学べる「かまぼこ博物館(⇒P38)」もあるので、週末や行楽シーズンを中心に、たくさんの人が訪れます。

ワンポイント
かまぼこの紅白の意味

おせち料理には、紅白のかまぼこがつめられている。紅は魔除けをあらわし、白は清浄をあらわし、その半円形の形が日の出の形に似ているため、新年の門出にふさわしい一品とされている。

なお、かまぼこの食感や味わいは、切る厚みによってかわるといわれている。鈴廣では、そのまま切って食べるときに一番おいしいと感じる厚さが何ミリなのかを調べたところ、12ミリという結果が出たという。

鈴廣の顔ともいわれる「超特選蒲鉾 古今」の紅白かまぼこ。1本ずつ職人が手づくりしていることもあり、全国かまぼこ連合会主催の全国蒲鉾品評会で、最優秀賞にあたる「農林水産大臣賞」を受賞した。

ものづくりの極意
受けつがれてきた伝統の味と職人の技を守り伝える

祖父と父の思いを受けて

鈴廣の社是の「老舗にあって老舗にあらず」は、いまの社長を務める鈴木博晶さんが、祖父で7代目の社長にあたる廣吉さんのことばをもとに、1989(平成元)年に定めました。あわせて、「食するとは、生命をいただき、生命をうつしかえること。その一翼を担うのが私たちの仕事。かけがえのない地球のなかで、この役割こそが我が天職。」という企業理念も定めました。企業理念は、博晶さんの父で、8代目の社長を務めた昭三さんの「企業は社会に貢献してこそ価値がある」ということばがもとになっています。

博晶さんは、伝統とは革新の積み重ねと考え、この社是を定めたそうです。そして、社長に就任した1996(平成8)年にはかまぼこ博物館を開設し、その後も、新たな商業施設や店をオープンするなど、新しいことに挑戦してきました。さらに、「サカナのちから」というサプリメントを開発するなど、水産練り製品だけではなく、新製品の開発にも取り組むことで、革新をつづけてきました。また、博晶さんは、「食」という字は「人」に「良」と書くので、食の仕事は「人を良くすること」であり、とても重要な仕事だと考えています。つまり、企業理念にもあるように、魚の生命をいただき、その生命を人にうつしかえることで、たくさんの人を健康にすることができ、企業としての社会貢献も実現すると考えているのです。

かまぼこ業界全体の発展のために

博晶さんは、父の昭三さんから「かまぼこ業界全体の発展があってこそ鈴廣の発展もある」ともいわれました。そうしたこともあり、体験や展示をとおして、かまぼこにもっと関心をもってもらうために、かまぼこ博物館を開設しました。また、鈴廣かまぼこの里も、かまぼこのおいしさをもっと身近に感じてもらうために開設したのです。

博晶さんは、こうした取り組みを地道につづけることで、かまぼこのすばらしさを次の世代に伝え、伝統の味と職人の技を守っていくことができ、業界全体の発展が実現すると考えているのです。

職人ファイル　神 兼智さん（鈴廣かまぼこ 製造チーム製造部 部長 一級技能士）

職　種：かまぼこをはじめとした水産練り製品の製造
仕事歴：21年（1996年入社）
経　歴：専門学校卒業後に入社
子どものときの趣味：剣道

かまぼこの成形（板付け）をおこなう神さん。専用の包丁で、美しい扇形に仕上げていく。

かまぼこのおいしさを、たくさんの人に知らせたい

―子どものころ、どのような仕事につきたいと思っていましたか？

実家が商売をしていたので、ものをつくって販売する仕事です。

―この会社に入社しようと思ったきっかけは？

家業も水産練り製品をつくっていましたが、祖父のすすめもあって、日本一のかまぼこをつくる鈴廣で修行しようと思ったからです。

―入社してどうでしたか？

3年間は下積みで、いろいろなことを経験しましたが、むかしは個性的な職人が多く、すべてを教えてもらえるわけではなかったので、はやく一人前になれるよう、原料の魚の特徴や処理方法などを見ておぼえることに努めました。

―ここでは、どのような仕事をしていますか？

部長という立場なので、かまぼこなどの製造のほか、製造工程全体の管理もおこなっています。

―仕事でたいへんなことは？

かまぼこづくりでは、「一に買い出し、二に臼、三に釜」というように、魚の仕入れに加え、擂潰と加熱の工程（⇒P33）が重要です。なかでも擂潰では、産地や季節、大きさなどにより、自然の原料でもある魚の変化を見きわめ、塩を入れるタイミングや魚肉をすりつぶす時間などを考えなければなりません。そのことで、鈴廣のかまぼこの質の高さが維持できるのです。

―この仕事のどんなところに、やりがいを感じますか？

水産練り製品製造の一級技能士であっても、自分の仕事の成長を1日1日感じ取れることです。また、お客さんの満足とおいしいということばが、仕事の原動力になっています。

―これからめざしていることは？

かまぼこのほんとうのおいしさを、もっとたくさんの人に知らせることです。そのためにも、同業者の研究会での指導をとおして、小田原かまぼこ全体の質を高め、最終的には、全国のかまぼこの質を高めていきたいと考えています。

神兼智さんの1日

- 6:30　始業。原料の魚を処理し、水晒しと擂潰をおこなう。
- 9:00　成形をおこない、10人の職人で、約500本の手づくりかまぼこを製造する。
- 14:00　昼休み。
- 15:00　細工かまぼこ、オードブルかまぼこ、手づくりおでんなど、魚のすり身を板につけてつくるかまぼこ以外の製品をつくる。
- 17:00　終業。

※日によって、仕事の内容はかわります。

もっと見てみよう、かつお節だしのとり方とかまぼこの博物館

かつお節だしは、和食のだしとして、古くから用いられてきました。また、かまぼこは、日本古来の伝統食品ですが、近年、その栄養機能*が科学的に明らかになってきました。ここでは、にんべんが教える「かつお節だしのとり方」と、鈴廣が運営する「かまぼこ博物館」を見ていきます。

かつお節だしのとり方

かつお節30gと水1000ml（1L）で、みそ汁5～6人分のだしがとれます。その方法は、次のとおりですが、むずかしくはありません。また、かつお節は捨てるところがないので、だしをとった後に残る「だしがら」を使い、ふりかけをつくることができます。

かつお節でだしをとる

1 鍋に入れた水1000mlが沸騰したら火を止め、かつお節30gを、すばやくパラパラと、均一に入れる。

2 静かに1～2分待つ。混ぜてはいけない。

3 ガーゼやキッチンペーパーなどでこす。えぐみが出るので、強くしぼってはいけない。

4 豊かな味と香り、そしてにごりのない上品なシャンパンゴールドとよばれる色の一番だし（⇨右）が完成する。

一番だしと二番だし

二番だしは、一番だしをとった後の「だしがら」を使ってとる。一番だしをとったときの半分の量（500ml）の水を加えて沸騰させ、その後、弱火で3～5分煮出す。仕上げに削り節を4.5～5g加えて1～2分置き、ガーゼやキッチンペーパーなどでこすと完成する。一番だしは、みそ汁や吸い物、茶碗蒸しなどに向いているが、二番だしは、香りは弱いものの濃い旨味があるので、煮物や鍋物、炊き込みご飯などに向いている。

だしがらでふりかけをつくる

1 水気をしぼっただしがら（80g／1000mlの水でだしをとった後に残る量）をフライパンに入れ、から炒りする。

2 水分が飛んだら、砂糖、しょうゆ、みりんを、それぞれ大さじ2杯ずつ入れ、だしがらと混ぜながら中火で炒め煮する。

3 汁気が飛んだら、いりごまを加えて混ぜると完成する。

*栄養面でのはたらき。

鈴廣のかまぼこ博物館

かまぼこは、健康な身体に必要なアミノ酸*をバランスよくとれる食品だということが、最近の研究で明らかになりました。そうしたかまぼこについて、もっと関心をもってもらい、おせち料理だけではなく、普段から食べてほしいという思いから、鈴廣は、1996（平成8）年にオープンした「かまぼこ博物館」の改装と拡張を、2016（平成28）年におこないました。そして、さらに新たな体験プログラムや展示を用意しました。

かまぼこ・ちくわ手づくり体験教室
かまぼことちくわを職人と一緒につくる。ちくわは、焼きたてを食べられる。

見る工場 かまぼこを手づくりしている工場のようすを、ガラス越しに見学できる。

かまぼこ板絵美術館
「小さな美術展かまぼこ板絵国際コンクール」の受賞作品や招待作家の作品がならぶ。かまぼこの板に描かれた絵を鑑賞できる。

かまぼこの科学
かまぼこのおいしさのひみつや、人の体をつくる大切な栄養のことを、科学的に学べる。

かまぼこ百科 かまぼこの歴史や栄養、原料の魚や職人など、かまぼこにまつわる12のひみつが展示されている。

住所／神奈川県小田原市風祭245
電話番号／0465-24-6262
開館時間／9:00〜17:00
休館日／元旦と臨時休館日を除き、年中無休（水曜日は、かまぼこ・ちくわ手づくり体験教室と手づくり職人見学コーナーは休み） ※入館料無料／体験は要予約

かまぼこキッチンラボ
かまぼこを使った料理体験、食の実験教室など、さまざまな体験プログラムを用意している。

*タンパク質を構成する単位となる物質。

さくいん

あ行

ISO9001	11
アミノ酸	38
伊勢志摩サミット	18
旨味	10、15、16、18、20、24
エコアクション21	11
MFCA	26、27
おせち料理	35

か行

化学調味料	22、30、31
籠立	8
かつお節だし	10、11、37
カビつけ	8、9
釜炒り	24
かまぼこ博物館	35、37、38
間歇焙乾	9、12
企業理念	23、30、35
魚肉たんぱく研究所	34
魚肉ペプチド	34
現金かけ値なし	6
高度経済成長	6、7
国際標準化機構	11
国連WFP	26
御用達	6

さ行

サプリメント	34、35
The Wonder 500	23
参勤交代	31
煮熟	8
社是	30、35
熟成	13、14、15、16、17、20、25
醸造	14、16
蒸米	16
精米	16、18
食育	10、11
食の循環	34
食品ロス	26
水産練り製品製造技能士	31

た行

全国鰹節類品評会	12

だし	5、10、11、26
だしがら	37
タンパク質	23、30、34
添加物	19、22

な行

生切り	8、12
日乾	8、9、12
日本貿易振興機構（JETRO）	27
農林水産大臣賞	12

は行

焙乾	8、9、12
箱根百年水	30、32
HACCP	11
発酵	14
フェアトレード	27
保存料	22、30、31
本枯鰹節	8、9
本直し	14
本みりん	14

ま行

水晒し	32、36
みりん風調味料	14

や行

有機米	19
ユネスコの世界無形文化遺産	10

ら行

擂漬	33、36

■ 編集

こどもくらぶ（小林 寛則）

「こどもくらぶ」は、あそび・教育・福祉分野で、子どもに関する書籍を企画・編集しているエヌ・アンド・エス企画編集室の愛称。図書館用書籍として、毎年10～20シリーズを企画・編集・DTP制作している。これまでの作品は1000タイトルを超す。
http://www.imajinsha.co.jp

■ デザイン・DTP
信太 知美、尾崎 朗子

■ 企画・制作
株式会社エヌ・アンド・エス企画

この本の情報は、特に明記されているもの以外は、2017年11月現在のものです。

企業内「職人」図鑑 私たちがつくっています。⑮伝統食品の二

初　版　第1刷発行　2018年2月28日

編　　こどもくらぶ
発行所　株式会社同友館
　　　　〒113-0033 東京都文京区本郷3-38-1
　　　　電話　03-3813-3966　FAX　03-3818-2774
　　　　http://www.doyukan.co.jp/
発行者　脇坂 康弘　　　　　　　　　印刷／製本　三美印刷／東京美術紙工

©Kodomo Kurabu 2018　Printed in Japan.　　　　　無断複写複製（コピー）禁ず
Published by Doyukan Inc.　　　　　　　　　　ISBN978-4-496-05306-1　NDC 335
乱丁・落丁本はおとりかえいたします。　　　　　　　　　　　　　　40p/29cm